Thanks | Gracias
Learning to appreciate Gratitud for children | Aprendiendo a agradecer Gratitud para niños

Luciana Reis

Thanks   Gracias

Copyright @2013 Luciana Reis Gonçalves

ISBN 978-84-941176-9-5

Editorial Libros de Luz
www.librosdeluz.es
info@librosdeluz.es

All rights reserved. No part of this book may be reproduced in any form or by any means, electronic or mechanical, without the author's written permission.

10% of the proceeds of this work will go to various social projects aimed at children. 5% of the copies produced will go to public libraries, schools and free-lending associations.

Find out about these and other initiatives at www.librosdeluz.es

Todos los derechos reservados. Ninguna parte de este libro puede ser reproducida en ninguna forma ni por ningún medio electrónico o mecánico, sin el permiso por escrito del autor.

El 10% de la renta se destina a distintas obras sociales dedicadas a la infancia. El 5% de los ejemplares impresos se destina a bibliotecas públicas, escolares y asociaciones que realicen el préstamo gratuito.

Infórmate a cerca de estas y otras iniciativas en www.librosdeluz.es

Dedicated to Zilda who,
when I was a child, taught me to be grateful.
Thanks, mom, for your infinite love.

Dedicado a Zilda,
que desde niña me enseñó a agradecer.
Gracias mamá por tu infinito amor.

Querido lector:

El objetivo de este libro es invitarte a encontrar cada día, algo que agradecer. Como un pequeño ritual antes de dormir, cerrando las actividades del día.

El libro se ha construido pensando en lectores a partir de los 5 años, que con el auxilio de algún ser querido, añadirán la palabra "gracias" al significado de cada una de las imágenes. Con el tiempo, a pesar de no disponer de capacidad lectora serán capaces de "leer" el libro de forma independiente.

Sin embargo, si ya eres capaz de leer estas líneas por ti mismo, sin ayuda de tus familiares, te proponemos que además de agradecer con la imagen principal, pienses en otros motivos por los cuales agradecer, con la ayuda de las frases de sugerencia que aparecen en cada página.
Te invitamos a agradecer tantas cosas como seas capaz de imaginar.

Te agradezco profundamente que tengas en tus manos este libro.

Luciana

Dear reader:

The aim of this book is to invite you to find something to be grateful for every day, as a little ritual before bed, closing the day's activities.

The book has been compiled with readers aged 5 and upwards in mind, so that, with the help of a loved one, they can add the word "thanks" to the meaning of each of the pictures. After a while, even those who can't yet read will be able to "read" the book on their own.

However, if you can read these lines on your own, without the help of your family, then you will also have understood the opening sentence, so think of other reasons to say thank you, perhaps using the suggestions on each page. We invite you to add as many reasons as your imagination allows.

I am deeply grateful you for having this book in your hands.

Luciana

Los beneficios de la gratitud

Múltiples estudios han demostrado la correlación entre la gratitud y el aumento del bienestar. Aunque en el pasado, la gratitud ha sido descuidada por la psicología, en los últimos años se ha avanzado mucho respecto al estudio de la gratitud y sus efectos positivos y comienza haber abundante material sobre la psicología positiva.

Una gran cantidad de trabajos recientes han sugerido que las personas que son más agradecidas tienen un mayor nivel de bienestar, son más felices y se sienten más satisfechas con sus vidas. La gente agradecida duerme mejor, y esto parece ser debido a que tienen menos pensamientos negativos justo antes de irse a dormir.

Teniendo en cuenta los beneficios de la gratitud en las personas, creemos que cuando antes podamos introducir este beneficioso hábito entre los más pequeños, estaremos asegurándoles un futuro más feliz.

Le sugerimos el libro "¡Gracias! De como la gratitud puede hacerte feliz" del psicólogo, investigador y autor Dr. Robert A. Emmons, profesor de psicología en la Universidad de California.

The benefits of gratitude

Multiple studies have shown the correlation between gratitude and increased wellbeing. Although psychology has neglected gratitude in the past, in recent years much has been achieved regarding the study of gratitude and its positive effects and plenty of material about positive psychology is now becoming available.

Much recent work has suggested that people who are more grateful have higher levels of subjective wellbeing, are happier and feel more satisfied with their lives. Grateful people sleep better, and this seems to be because they have fewer negative thoughts just before going to sleep.

Considering how beneficial gratitude is for people, we believe that the sooner we can introduce this beneficial habit to children the better, thus ensuring that their lives will be happier and less stressful.

We recommend the book "Thanks! How Practicing Gratitude Can Make You Happier" written by psychologist, researcher and author Dr Robert A. Emmons a psychology professor at the University of California.

Thanks for planet Earth
Because it's my home.

Gracias por el planeta Tierra
Porque es mi hogar.

Thanks for the sun
For support life and giving me warmth.

Gracias por el sol
Por permitir la vida, por el calor que me ofrece.

Thanks for the moon
By regulating the tides, as the planet's natural satellite.

Gracias por la luna
Por regular las mareas, por ser el satélite natural del planeta.

Thanks for space and the stars
For their mysteries and their beauty, for undiscovered worlds.

Gracias por el espacio y las estrellas
Por sus misterios, por su belleza, por los mundos por descubrir.

Thanks for the air
As essential to my life.

Gracias por el aire
Por ser imprescindible para mi existencia.

Thanks for the water

Thanks for the rain and for springs, rivers, lakes and oceans,
as they rise and sustain life on Earth,
enabling everyone on the planet to have water.

Gracias por el agua

Gracias por la lluvia, los manantiales, ríos, lagos, océanos,
porque son origen y sustento de la vida.
Para que todos tengan agua en el planeta.

Thanks for the mineral and vegetal kingdom
For trees, vegetables, flowers, forests,
biodiversity as humanity's natural heritage.

Gracias por los reinos mineral y vegetal
Por los árboles, los vegetales, las flores, los bosques,
por la biodiversidad, por el patrimonio natural de la humanidad.

Thanks for the music and culture

For books, the theater, the cinema, dance, the arts,
for the intangible heritage of humanity.

Gracias por la música y la cultura

Por los libros, por el teatro, por el cine, por la danza, por las artes,
por el patrimonio inmaterial de la humanidad.

Thanks for animals

For pets and wild animals.
For animals that serve as food.
For the many ways they contribute to my daily life.

Gracias por los animales

Por animales de compañía, por los animales salvajes.
Por los animales que nos sirven de alimento.
Por las muchas contribuciones que prestan a mi vida diaria.

Thanks for the food

For the fruit, vegetables, cereals.
For fish, meat, eggs, milk and dairy products.
To be present in all tables.

Gracias por los alimentos

Por las frutas, verduras y cereales.
Por el pescado, la carne, los huevos, por la leche y sus derivados.
Para que estén presentes en todas las mesas.

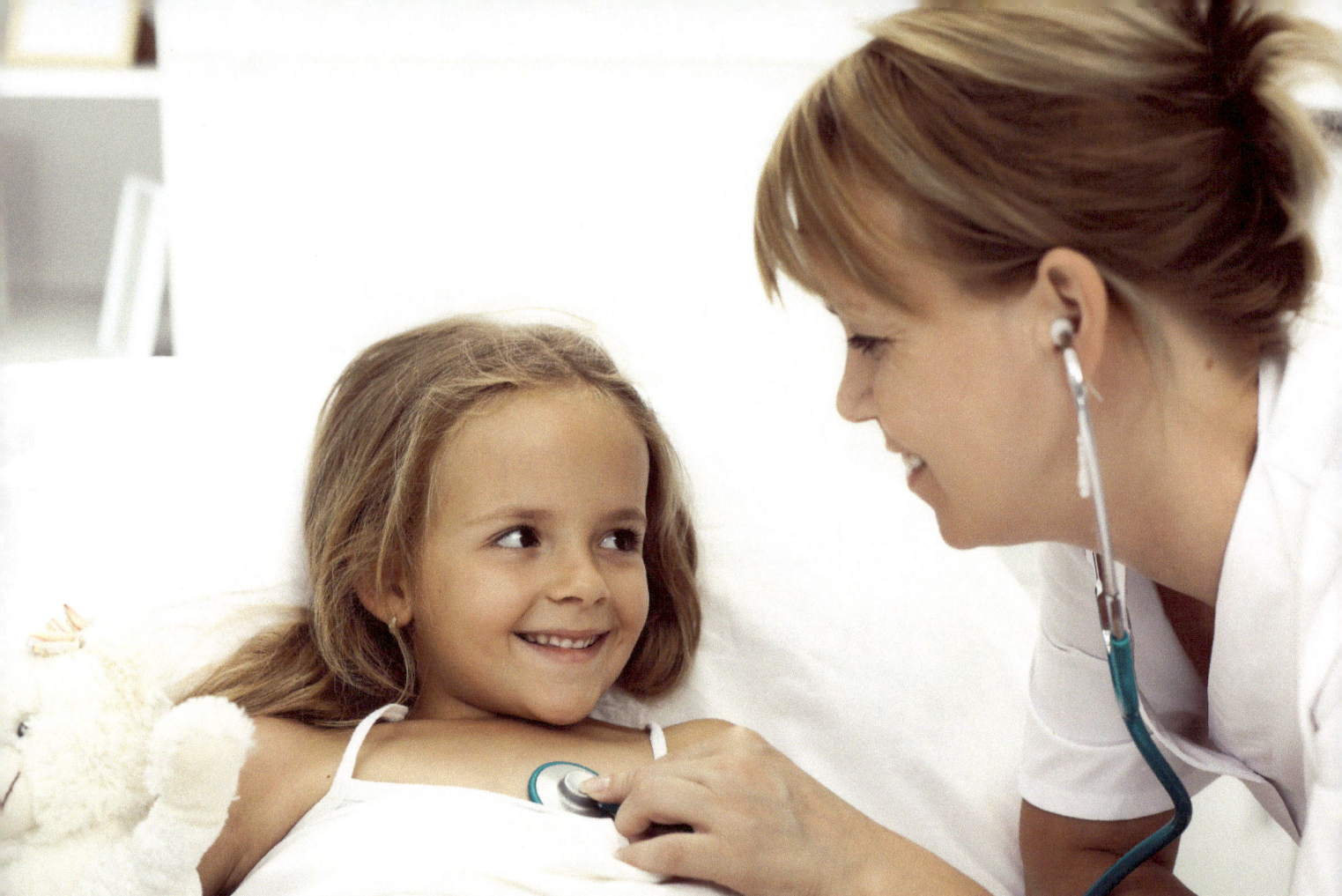

Thanks for health

For medications, doctors, hospitals and clinics,
for everything that helps maintain and restore health.

Gracias por la salud

Por los medicamentos, médicos, hospitales y clínicas,
por todo aquello que contribuye para mantener y recuperar la salud.

Thanks for playtime, study time and rest
For having time for everything.
The chance of doing lots of different things,
all of them important for my development.

Gracias por el tiempo de juegos, de estudio y de descanso
Por tener tiempo para todo.
Por la oportunidad de realizar distintas actividades,
todas importantes para mí desarrollo.

Thanks for the day and night
By alternating, because after night,
there is always a new day.

Gracias por el día y por la noche
Por la alternancia, porque después de la noche,
siempre hay un nuevo día.

Thanks for the spring and summer,
autumn and winter

For the stages of life, for change, for what will come.

Gracias por la primavera y el verano,
por el otoño y el invierno

Por las etapas de la vida, por el cambio, por lo que ha de venir.

Thanks for my mother

For giving me my first home, protecting me in her womb,
loving and educating me, for her care, for her dedication.

Gracias por mi madre

Por haberme ofrecido mi primer hogar, acogiéndome en su vientre,
por su amor, por educarme, por sus cuidados, por su dedicación.

Thanks for my father
For helping me get here, for his love, for educating me,
for his care, for his dedication.

Gracias por mi padre
Por haber contribuido a que yo exista, por su amor, por educarme,
por sus cuidados, por su dedicación.

Thanks for my sisters and brothers
By being part of my life and sharing the day with me.

Gracias por mis hermanas y hermanos
Por hacer parte de mi vida, por compartir el día a día.

Thanks for my family

For my grandparents, aunts and uncles and cousins,
for their presence in my life, for their support and affection.

Gracias por mis familiares

Por mis abuelos, por mis tíos y tías, por mis primos y primas,
por su presencia en mi vida, por su apoyo, por su afecto.

Thanks for my friends and colleagues
By sharing experiences, games and secrets,
enabling me to grow.

Gracias por mis amigos y compañeros
Por compartir experiencias, juegos y secretos.
Por crecer conmigo.

Thanks for my home

For protecting me, for welcoming me, for offering a safe environment, for being my personal space in the world.

Gracias por mi hogar

Por protegerme, por acogerme, por ofrecerme un entorno seguro, por ser mí espacio de referencia en el mundo.

Thanks for my neighbors and my city

For sharing, unity, respect for the environment,
for the whole of society.

Gracias por mis vecinos y mi ciudad

Por la convivencia, por la solidaridad, por el ambiente de respeto,
por el entorno, por toda la sociedad.

Thanks for my teachers
For helping me learn, teaching me, opening doors,
and showing me new pathways.

Gracias por mis profesores
Por ayudarme a aprender, por enseñarme, por abrir puertas,
por señalar caminos.

Thanks for all mankind

For the ways unknown people have contributed to my life,
for sharing destinations, for all the different cultures of mankind.

Gracias por toda la humanidad

Por sus contribuciones anónimas a mi vida,
por compartir destinos, por la pluralidad de culturas.

Thanks for my good feelings and thoughts
For my creativity and imagination.
Because they are the builders of my happiness.

Gracias por mis buenos sentimientos y pensamientos
Por mi creatividad y por imaginación.
Porque son los constructores de mi felicidad.

Thanks for the beauty that is everywhere
Finding something beautiful in everything that exists
in the things around me,
in people in general and in myself.

Gracias por la belleza que hay en todas partes
Por encontrar algo bello en todo cuanto existe,
en las cosas que me rodean,
en las personas en general y en mi mismo.

Thanks for the laughter and joy of living
By the power of finding joy and happiness
in the little things of everyday life.

Gracias por la risa y por la alegría de vivir
Por el poder de encontrar alegría y ser feliz
con las pequeñas cosas del día a día.

Thanks for today
For all that I have lived, for the opportunity to live another day.

Gracias por el día de hoy
Por todo lo que he vivido, por la oportunidad de vivir un día más.

Thanks for what I am. Thanks for existing
For my body, for my endless potential
and for my undiscovered abilities.

Gracias por lo que soy. Gracias por existir
Por mi cuerpo, por mis potencialidades infinitas,
por mis capacidades aún por descubrir.

¿Te gustaría agradecer más cosas que no aparecen en este libro? Estupendo, usa tu imaginación y crea tus propias frases.

¡Adelante!

_____

_____

_____

_____

_____

_____

_____

Would you like to say thank you for other things that are not mentioned in this book? Great! Use your imagination and create your own phrases.

Go ahead!

_____

_____

_____

_____

_____

_____

_____

No es sólo a la hora de acostarte que puedes agradecer, en realidad puedes agradecer en cualquier momento del día, siempre que te apetezca.

Por las mañanas al despertarte, justo antes de salir de la cama, es un excelente momento.

¿No te parece una estupenda forma de empezar el día?

Si prestas atención, durante todo el día, encontrarás muchas oportunidades de agradecer, a ti mismo por algo que hiciste bien, a otras personas por la forma en que colaboran en tu vida, a las muchas cosas que vives al largo del día.

Buscando siempre ver el lado mejor de las personas, de las cosas y de los acontecimientos, seguro que encontrarás mil y un motivos para estar agradecido.

¿Qué tal si lo intentas?

Con cada nuevo día nuevas oportunidades de agradecer.

¿Ya has pensado que vas a agradecer hoy?

You don't have to wait until bedtime to say thank you. You can say it at any time of day, whenever you feel like it.

In the morning when you wake up, just before getting out of bed, is a great time.

Isn't that a wonderful way to start the day?

If you pay attention all day, you will find many opportunities to thank yourself for something you did well, to thank others for the way they help you in your life, and for the many things you experience throughout the day.

If you always try to see the best side of people, things and events, you are sure to find a thousand and one reasons to be grateful.

Why not give it a try?

Each new day brings new opportunities to express your appreciation.

Have you thought of what you'd like to say thank you for today?

www.ingramcontent.com/pod-product-compliance
Lightning Source LLC
Chambersburg PA
CBHW041536040426
42446CB00002B/105